Une série d'aventures quotidiennes
Par Moji Taiwo

I0457292

Mémé et ses «Petits-Tout»

Séance de jardinage avec Mémé

Illustrations par Cristiana Tercero
Traduit par Emilienne Ngo Batoum

A mes précieux Petits: Ezra, Caxton, et Amos.
Le temps que je passe avec vous, mes garçons, me procure vitalité et
bonheur immense.

Moji Taiwo
www.mojitaiwo.com

Au printemps, lorsque le temps commence à se réchauffer et que la pluie tombe, nous apprenons à mettre les graines sous terre et faire pousser des légumes avec Mémé.

Il faut dire que Mémé collecte les eaux de pluie dans un baril. Elle nous dit que la pluie est bien pour faire pousser les plantes dans son jardin. Et, c'est ainsi que nous avons appris à bien utiliser l'eau, en collectant les eaux de pluie.

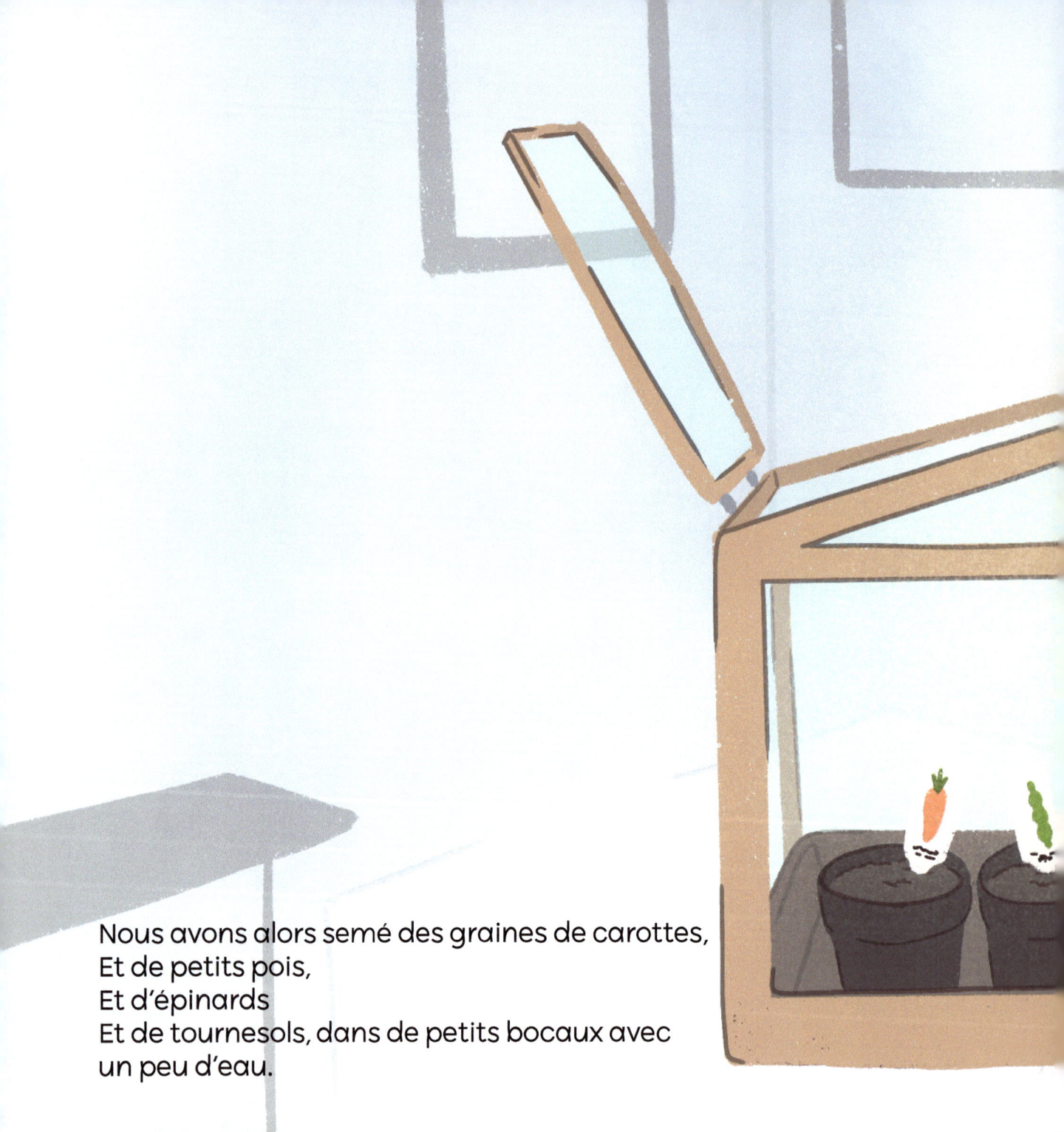

Nous avons alors semé des graines de carottes,
Et de petits pois,
Et d'épinards
Et de tournesols, dans de petits bocaux avec
un peu d'eau.

Ensuite, nous avons mis ces bocaux dans une
mini serre, dans la cuisine de Mémé.
Nous l'avions mise à côté de la fenêtre pour
qu'elle reçoive un peu de lumière du soleil.

Nous avons aussi appris que les plantes ont besoin d'eau et de lumière du soleil pour pousser.

Une fois que la neige a fondu et qu'il ne fait plus très froid dehors,
Nous avons mis nos petites plantes à terre dans le jardin de Mémé pour
qu'elles poussent.

Nous les avons plantés dans la partie du jardin qui est exposée au soleil, et les arrosons, chaque jour, avec l'eau du tonneau de Mémé.

Voilà! Maintenant, tu sais que les plantes ont besoin d'eau et de soleil pour pousser.

Prendre l'eau dans le tonneau et arroser les plantes est une de nos activités favorites.

Et, pendant l'été, nous voyons nos plantes pousser et devenir de plus en plus grandes.

Eh! Regarde nos carottes!
Nous avons déterré et mangé quelques-unes!
Hun mm, qu'est-ce qu'elles sont bonnes!

Mais, le benjamin des petits-tout aime plus les petits pois.

Nous mangeons beaucoup de légumes,
car Mémé nous a dit qu'ils nous permettent
de bien grandir en santé.

Regarde les tournesols, ils ont poussé et sont plus grands que nous!
Yay! Les tournesols sont "énormes", et veulent pousser
jusqu'au ciel; dit le plus jeune des petits-tout!

L'automne marque la fin de la saison de jardinage, selon Mémé.

Pour cela, nous l'aidons à récolter tous les légumes, et autres herbes aromatiques, et à nettoyer le jardin.

Petit à petit, le temps devient plus froid en automne, et toutes les feuilles prennent les couleurs arc-en-ciel.

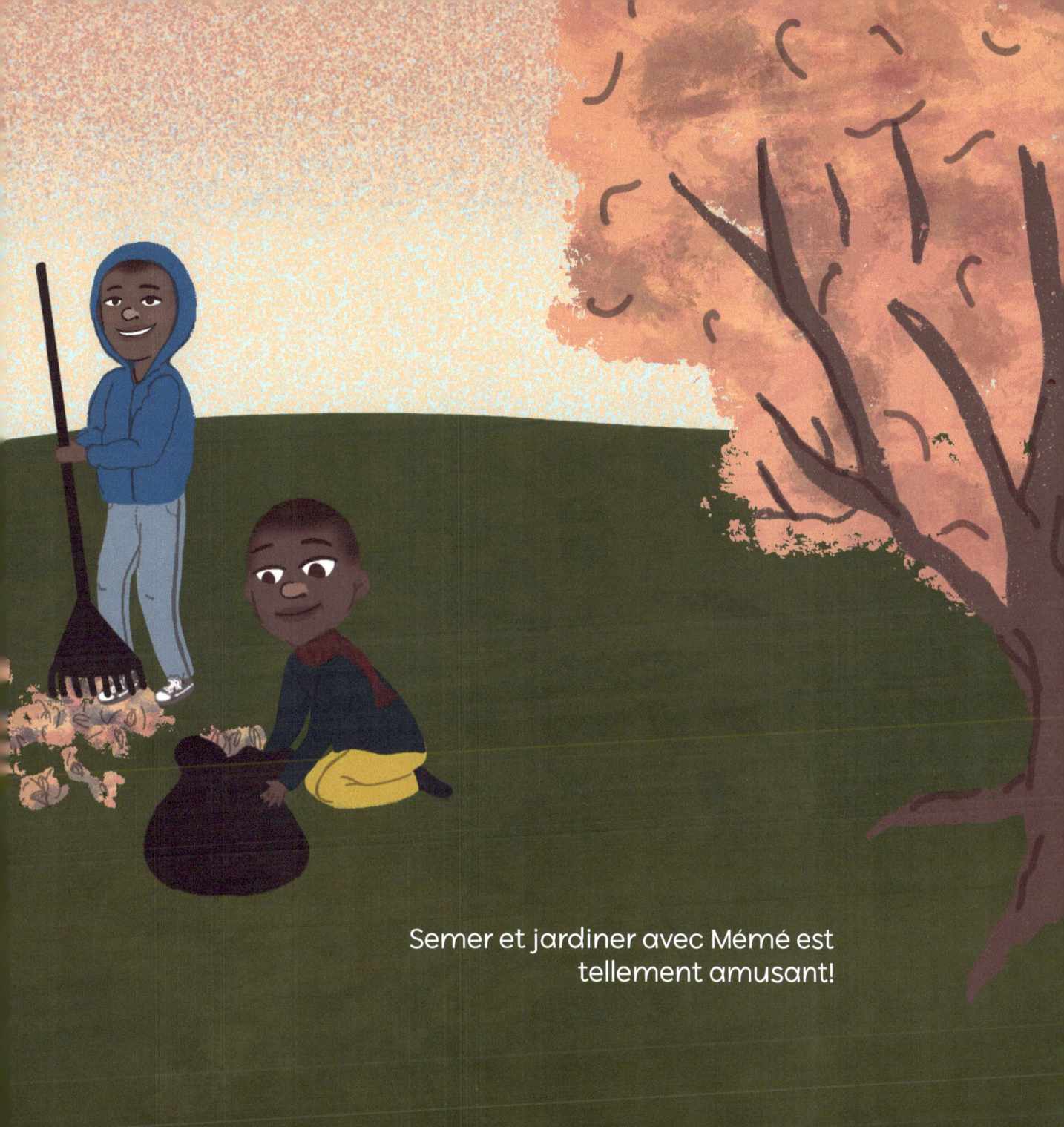

Semer et jardiner avec Mémé est
tellement amusant!

Quel est ton légume préféré?
Celui que tu aimes manger?

www.ingramcontent.com/pod-product-compliance
Lightning Source LLC
Chambersburg PA
CBHW041611120626
46551CB00002B/395